AF296291
198

MYTHOLOGIE

JAPONAISE

Par le P. MOUNICOU

DE LA SOCIÉTÉ DES MISSIONS ÉTRANGÈRES.

PARIS

BENJAMIN DUPRAT

LIBRAIRE DE L'INSTITUT, DE LA BIBLIOTHÈQUE IMPÉRIALE ET DU SÉNAT,

DES SOCIÉTÉS ASIATIQUES DE PARIS, DE LONDRES, DE MADRAS,
DE CALCUTTA, DE SHANG-HAI ET DE LA SOCIÉTÉ ORIENTALE AMÉRICAINE DE NEW-HAVEN (ÉTATS-UNIS)

Rue du Cloître Saint-Benoît (rue Fontaines), 7
Près le Musée de Cluny.

1863

MYTHOLOGIE

JAPONAISE

Par le Dr. ROSNY

PARIS

BENJAMIN DUPRAT

MYTHOLOGIE JAPONAISE

M. l'abbé Mounicou, missionnaire apostolique au Japon, a
pris la peine de traduire les trois ou quatre premiers fasci-
cules de la généalogie des *camis* ou souverains-dieux, et a
transmis ce travail à M. l'abbé Rousseille, directeur au sémi-
naire des Missions étrangères, qui nous a permis de le publier
dans cette Revue.

Dans sa lettre d'envoi, M. l'abbé Mounicou s'exprime ainsi
au sujet de cet ouvrage :

« 4 août 1862.

« En entreprenant ce travail, j'ai eu l'intention de faire
connaître les idées japonaises sur la formation du monde et
sur les camis dont ils se vantent de descendre. Vous verrez
la confusion qui règne dans cette œuvre de leur génie philo-
sophique, et le peu d'aptitude de leur esprit à la métaphy-
sique et à tout ce qui se rattache à l'ordre surnaturel. Cet
ouvrage est tout de leur cru : il fait peu d'honneur à leurs
lumières, ou plutôt il donne la mesure de ce dont ils sont
capables. Ce n'est pas qu'ils n'aient d'autres livres assez bien
écrits et bien pensés; mais tout ce qu'ils ont en ce genre
ils l'ont pris aux Chinois, à tel point que, sans sortir des
bornes de la plus stricte vérité, on peut considérer leurs ouvrages comme de simples traductions. Pas une idée neuve :
rien de leur invention. — Mais quel est ce personnage qui
termine les temps fabuleux, et qui pose le fondement de cette
dynastie dont le mikado actuel est le dernier représentant? En
lisant le contexte, on est tenté de croire qu'il n'est autre chose

qu'un conquérant chinois qui, abordant dans les provinces de
l'ouest, s'avance peu à peu vers les régions de l'est, qu'il
soumet successivement à sa loi. Ce grand homme, ce saint
dont il raconte la doctrine, ne saurait être autre que Confucius. Cela étant, il est impossible d'admettre une antiquité
qui remonterait à six cents ans avant Jésus-Christ, c'est-à-dire
quelques années avant la naissance du célèbre philosophe,
comme l'ont prétendu certains auteurs. De l'aveu de tous, les
livres classiques chinois sont postérieurs à Confucius; mais
les originaux, tels qu'ils sortirent des mains de leurs auteurs,
n'existent nulle part, ayant été en tout ou en partie détruits
dans la persécution que leur suscita, tout aussi bien qu'à ceux
qui professaient la doctrine; ce tyran fameux dont la tradition
a transmis le nom à la postérité. Or, ce ne fut que quelques
siècles plus tard que ces ouvrages mutilés furent édités de
nouveau par le trop fameux déiste Tchang-tse, qui, n'en
comprenant pas la doctrine profonde, les altéra, bouleversa
l'ordre primitif, et les enrichit de ces commentaires absurdes
adoptés par ses successeurs. Ce sont ces livres ainsi interpolés
que Ton-ouo apporta au Japon. On peut donc croire que la
conquête ne remonte pas plus haut que le troisième siècle de
l'ère chrétienne. D'autres histoires, en effet, comme le té-
moigne le P. Rodriguez dans sa Grammaire japonaise, rap-
portent l'introduction de l'écriture chinoise à l'an 285 ou 290
de J.-C. »

M. l'abbé Mounicou veut bien nous laisser espérer qu'il
enverra plus tard à M. l'abbé Rousseille une autre édition de
la Mythologie avec des notes d'un savant qui a écrit depuis
l'introduction du christianisme au Japon. Son commentaire
offre une ombre de notre doctrine; mais les raisonnements
sont dépourvus de profondeur et n'arrivent jamais à la con-
clusion doctrinale. Ce livre se compose de deux forts vo-
lumes. Nous recevrons toujours avec joie les précieuses
communications du savant missionnaire, et nous nous empres-
serons de publier tous les documents scientifiques destinés à

nous faire bien connaître l'un des peuples les plus intéressants du monde, et qui nous est demeuré pour ainsi dire le plus étranger de tous.

Léon Pagès.

LIVRE PREMIER.

Il fut un temps où il n'y avait ni ciel, ni terre, ni principe mâle, ni principe femelle. Tout était alors renfermé pêle-mêle dans une masse informe, comme le poulet est tout entier dans son germe. Les atomes les plus subtils, roulant en sens divers, formèrent le ciel : la terre fut le produit des atomes grossiers, dans leur adhésion mutuelle. Les atomes subtils, en se heurtant dans leurs mouvements de va-et-vient, s'arrondirent bientôt, tandis que l'agrégation en corps solide des atomes grossiers ne se fit que très-lentement; aussi le ciel fut-il formé avant la terre.

C'est entre le ciel et la terre que naquirent les dieux. C'est pourquoi l'on dit que lors de la formation du monde, la matière terrestre se balançait dans les airs comme le poisson qui prend ses ébats à la surface de l'eau. Dans ce temps-là, il parut entre le ciel et la terre quelque chose qui avait l'apparence d'une épine. Cette épine se changea en trois dieux, appelés Kougni-toco-tatchi, Kougni-no-sa-tseutchi et Toyo-koum-mou ; tous trois mâles, parce qu'ils ne durent leur origine qu'à l'action seule de la raison céleste.

Vinrent ensuite les dieux Ouhi-dgi-gni et sa femme Seuhi-dgi-hni; Oho-to-no-dgi et sa femme Oho-toma-bé; Omo-tarou et sa femme Kachi-ko-né ; I-za-nagui et sa femme I-za-nami. La raison du ciel et celle de la terre ayant pris une part égale à leur formation, il y eut autant de déesses que de dieux.

L'âge des dieux commence à Kougni-no-toco-tatchi et finit à I-za-nagui et I-za-nami. Il comprend sept générations.

Un jour que I-za-nagui et I-za-nami s'entretenaient, sur le pont flottant du ciel, de la possibilité de l'existence d'un monde inférieur, ils lancèrent, pour s'en assurer, la pique céleste, faite d'une perle précieuse, et en l'agitant dans tous les sens ils découvrirent une grande masse d'eau. De la pointe de la pique, il tomba, quand ils l'eurent retirée, une goutte d'eau salée qui se condensa dans sa chute et forma une île à laquelle ils donnèrent le nom de Ono-ko-ro. Étant descendus dans cette île, ils vécurent maritalement. De leur union sortit un groupe d'îles, dont celle de Ono-ko-ro fût regardée comme la colonne centrale. La manière dont ils procédèrent au mariage est assez curieuse pour être rapportée. Prenant, l'un à gauche et l'autre à droite, ils firent le tour de l'île. Au point de rencontre la déesse s'écria avec transport : « Oh ! que je suis heureuse de revoir mon aimable époux ! » Le dieu contristé d'avoir été prévenu, lui répondit : « Ma qualité d'époux me donne le droit de parler le premier ; pourquoi vous l'êtes vous arrogé ? Cet empressement est de mauvais augure, et pour en conjurer les suites funestes, il nous faut recommencer. » Cette fois le dieu prit le premier la parole, et s'écria en revoyant la déesse : « Oh ! que je suis heureux de retrouver mon aimable épouse ! » Alors pour la première fois ils s'unirent. Le temps des couches étant arrivé, la déesse enfanta une île ; ce premier fruit de leur union leur ayant déplu, ils lui donnèrent le nom de Aoua-dgi. Ensuite ils engendrèrent successivement les îles de Oho-yamato-toyo-aki-tseu, I-io no-fouta-na, Tseukou-chi ; Oki et Sado ; ces deux dernières étaient jumelles. Ce phénomène servit de type aux cas identiques qui, de temps en temps, se présentent parmi les hommes. Enfin ils engendrèrent Kochi-no-chima, Oho-chima et Kibi-no-kochima. De là le nom de royaume des Huit grandes îles. Les îles de Tseuchi-ma-Jouki et toutes les autres petites îles, semées çà et là, furent formées de l'écume de la mer ou des fleuves.

Ils procréèrent ensuite la mer, les fleuves, les montagnes,

Gou-gou-no-tchi, père des arbres, et Kaya-no-himé, mère des herbes. Après cela, I-za-nogui et I-za-nami se dirent : « Il faut un roi pour gouverner le royaume des Huit grandes îles, la mer, les montagnes, etc. : procédons à sa formation. » Et ils donnèrent naissance au dieu Soleil, qu'ils nommèrent Oho-hirou-me-no-moutchi. Cet enfant, resplendissant de lumière, éclaira de ses rayons toutes les parties du monde. Ses parents en furent ravis de joie : « Quoique nous ayons beaucoup d'enfants, se dirent-ils, il n'en est aucun qui égale celui-ci en mérite ; ne le laissons pas plus longtemps sur la terre, mais hâtons-nous de le conduire au ciel et de lui confier le gouvernement du monde. » A cette époque, il n'y avait pas longtemps que le ciel avait été séparé de la terre. La colonne qui le supportait servit à le héler. Ils ne tardèrent pas à lui donner une compagne, dont la lumière moins éclatante la rendait propre à partager l'empire. Aussitôt après sa naissance, la déesse Lune fut également placée dans le ciel à côté de son royal époux. Hirou-ko vint au monde, tout difforme ; à l'âge de trois ans il était incapable de se tenir debout. Ses parents, n'en pouvant soutenir la vue, le mirent dans une espèce de corbeille de jonc et l'abandonnèrent au gré des vents et des flots. I-za-nami accoucha bientôt d'un autre enfant, appelé So-sa-na-o, dont la cruauté égala la force : son bonheur était de faire des malheureux. Il fit périr un grand nombre d'hommes à la fleur de leur âge, et frappa de stérilité les montagnes qui commençaient à se couvrir de verdure. Ses parents désolés le menacèrent souvent, pour le ramener à de meilleurs sentiments, de lui enlever la couronne dont sa mauvaise conduite le rendait indigne, et de l'exiler au loin, jusque dans les profondeurs de la terre. Tout étant inutile, ils le bannirent.

I-za-nagui et I-za-nami eurent encore une multitude d'enfants, parmi lesquels il faut compter les esprits des vents, des mers, des montagnes, des fleuves, des bois et du feu. Celui-ci en naissant donna la mort à sa mère. I-za-na-gui, profondément affligé du malheur qui venait de l'atteindre, paraissait insensible à toute consolation. S'inclinant tantôt aux pieds, tantôt au chevet de la défunte, il versait des torrents de larmes. Ses larmes se changèrent en un esprit qui se tient au pied de l'arbre Oumé-ono, sous le nom de Naki-saoua-me. Au fort de sa douleur, le dieu, devenu veuf, saisissant l'épée aux dix poignées qu'il portait à sa ceinture, en déchargea un coup sur l'auteur de la mort de son épouse et le partagea en trois morceaux. Chacun de ces morceaux devint un esprit, et le sang qui en découla forma la voie lactée. Cependant I-za-na-gui descendit aux enfers pour visiter sa chère compagne ; il y fut mal reçu, et ce ne fut qu'à force de prodiges qu'il put échapper au danger d'être retenu captif. Tandis qu'il battait en retraite, il fut pris d'un besoin naturel ; il s'arrêta contre un arbre, et l'eau qu'il répandit, en devenant un fleuve, barra le passage à ceux qui le poursuivaient. Arrivé à la frontière, il ferma l'entrée de ces lieux souterrains au moyen d'un rocher que mille hommes ne pouvaient remuer. En sortant de ces lieux infects, il se dirigea vers la mer pour se purifier des souillures qu'il avait contractées. Tout en se baignant, il produisit neuf esprits des eaux, dont trois sont devenus les dieux protecteurs de Semi-no-yé, les autres sont honorés à Mourachi, et dans d'autres lieux. Après toutes ces créations, I-za-nagui se retira dans le pays d'Aoua-dgi. Il y bâtit un palais dont il fit sa demeure. Des auteurs prétendent qu'I-za-na-gui monta au ciel pour rendre compte de sa mission et qu'il fixa sa demeure dans le petit palais du soleil.

So-sa-no-o, ayant reçu l'arrêt qui le condamnait à l'exil, demanda un sursis de quelques jours pour faire ses adieux à son frère aîné, l'Esprit du Soleil. L'ayant obtenu, il monta vers les régions célestes ; à peine eut-il commencé son ascension que l'océan se mit à rugir d'une façon extraordinaire, et les montagnes rendirent des sons extrêmement lugubres, effets naturels de la violence qu'ils avaient eu à subir. L'esprit du

soleil frémit à la nouvelle de l'arrivée prochaine de son frère ;
il ne pouvait croire aux bons sentiments de son cadet : «Il vient,
sans doute, se dit-il, pour m'enlever mon domaine ; pourquoi
ne se contente-t-il point du lot qui lui est échu en partage ?
Préparons-nous à tout événement. » Aussitôt se couvrant de
l'armure d'un guerrier, il attendit de pied ferme le visiteur, et
d'aussi loin qu'il le vit venir, il lui demanda quel était le but
de son voyage. So-sa-no-o sans se déconcerter, répondit qu'il
était animé des meilleures intentions du monde ; que, ses parents l'ayant exilé dans les parties basses de la terre, il n'a-
vait pu se décider à partir sans prendre congé de son aîné ;
qu'il avait, dans cette intention, traversé les régions nébu-
leuses, et qu'il ne serait pas venu de si loin et à travers tant
de dangers pour causer de la peine à son frère. « A quelle
preuve pourrais-je reconnaître la sincérité de vos paroles ? —
Rien de plus simple, créons des enfants ; si ceux à qui je don-
nerai le jour sont des filles, je passerai pour être mal inten-
tionné, mais si ce sont des garçons, vous devrez croire à mes
bonnes intentions. » Alors l'Esprit qui éclaire le ciel, prenant
l'épée avec dix poignées dont So-sa-no-o était armé, la brisa
en trois morceaux, lava ces morceaux dans le puits du ciel et
les ayant broyés entre ses dents, éternua. Son éternuement
donna naissance à trois filles appelées Ta-kori, Taki-tseu et
Itchi-ki-chima. So-sa-no-o, à son tour prit la couronne de l'Esprit du Soleil, la baigna dans les puits du ciel, la broya entre ses
dents et il éternua. Le souffle qu'il émit en éternuant donna
naissance à cinq esprits tous mâles, connus sous les noms de
Maseu-ya-a-Katseu, Ama no-o-hi, Ama-tseu-hiko-né, Ikou-tseu-
hiko-né et Kouma-no-no-kouseu-hi. « En remontant à l'origine,
dit l'Esprit du Soleil, ces esprits sont mes enfants, puisqu'ils
proviennent de ma couronne ; je les prends donc pour moi, et
je veux les élever ; l'épée aux dix gardes est votre bien, c'est
pourquoi les trois filles qui en proviennent sont à vous, je vous
les donne. Ce sont les esprits auxquels sacrifient les princes
de Mouna-kata, de Tseu-kouchi, etc. »

So-sa-no-o ne tarda pas à abuser de l'hospitalité qu'il avait reçue, et il le fit de la manière la plus indigne. Son frère l'Esprit du Soleil, s'était tracé dans le ciel un champ étroit, mais long. Il venait de lui confier la semence, au commencement du printemps, quand So-sa-no-o s'avisa de la disperser aux quatre vents et de faire disparaître les bornes du champ. En automne, il y lança les coursiers du ciel pour leur en faire fouler le sol. Un jour que l'Esprit lumineux inaugurait un palais, So-sa-no-o y jeta des ordures. Une autre fois, il jeta la carcasse d'un cheval aux pieds de son frère, occupé à tisser de la toile dans le palais de In-hata. A la vue de ce cadavre, l'Esprit du Soleil se troubla, et dans son trouble, il se blessa avec la navette. N'en pouvant plus de colère et d'indignation, il alla se cacher dans la caverne rocheuse des cieux, dont il ferma l'entrée avec une pierre. Les quatre parties du monde, plongées aussitôt dans d'épaisses ténèbres, virent cesser la succession du jour et de la nuit. Pour faire cesser cet état de choses dont les conséquences devaient être extrêmement fâcheuses, les huit cent mille Esprits tinrent conseil dans le but d'apaiser la colère du Dieu irrité. L'Esprit Karé-omoy-gané, génie profond et pénétrant, proposa, comme un moyen sûr, de réunir tous les oiseaux à l'entrée de la caverne, et de les faire tous chanter à la fois. Ta-tchikara-o devait se tenir à la porte, tandis que Naka-tomi-no-mourachi, Ama-no-ko-yané et In-bé-no-to-tseu-ya porteraient l'arbre Jo-tseu-no-masaka de la montagne odoriférante, aux branches duquel étaient suspendus le miroir de Yata, la tresse de Ya-sa-ka-gni et deux pièces de toile, l'une blanche et l'autre verte. Sarou-mé-no-kimi se chargea de remplir le rôle de prestidigitateur. Ils firent si bien que l'Esprit du Soleil ne put résister à la curiosité de regarder ce qui se passait à la porte de son antre. Oubliant pour le moment le serment qu'il avait fait d'ensevelir le monde dans une nuit éternelle, il entr'ouvrit la porte. Ta-tchikara-o le saisit aussitôt par la main et l'entraîna de force. En même temps, Maka-tomi et In-bé barrèrent l'entrée avec des cordes; sur la prière que les Esprits lui en firent, l'Esprit du Soleil promit de ne plus cacher sa lumière bienfaisante. Ayant obtenu ce qu'ils désiraient, ils songèrent à punir So-sa-no-o de sa conduite insigne. Ils lui arrachèrent les cheveux et les ongles des pieds et des mains, et le chassèrent du ciel.

So-sa-no-o tomba du ciel dans le fleuve Hi du royaume des Nuages. En arrivant dans ce fleuve, il entendit des pleurs. S'étant approché de l'endroit d'où ils partaient, il trouva deux vieillards avec un jeune enfant, qu'ils caressaient en répandant des larmes. « Que faites-vous là, et pourquoi pleurez-vous ? — Je suis, répondit le vieillard, le maître de ce pays ; je m'appelle Achi-natseu-tchi ; ma femme que voici s'appelle Té-natseu-tchi. Cette enfant est notre fille ; elle porte le nom de Kouchi-ina-da. Si nous pleurons, c'est que des huit enfants que nous avons eus, il ne nous reste que cette fille ; tous les aînés ont été dévorés par un serpent, et elle ne tardera pas à avoir le même sort : telle est la cause de nos gémissements. — S'il en est ainsi, donnez-moi votre fille, je veillerai sur elle. — Nous vous l'accordons avec la plus grande reconnaissance. » Sa-so-no-o changea Kouchi-ina-da en un peigne qu'il mit dans sa chevelure ; puis il régala les deux vieux de vin doux et de gâteaux. Cependant, à l'heure indiquée, parut un gros serpent, ayant huit yeux à la tête et à la queue ; le pin et le cyprès croissaient sur son dos, comme dans une pépinière. Une tasse de vin qu'on lui offrit le plongea dans un profond sommeil. Pendant qu'il cuvait son vin, So-sa-no-o dégaîna son sabre aux dix poignées et coupa le serpent en morceaux d'un pouce de long. En coupant la queue, son sabre s'ébrécha ; il en chercha la cause ; il pourfendit la queue et il y trouva l'épée Kouna-nagui : « Cette épée, dit-il, est l'épée de l'Esprit, je ne puis me l'approprier ; » et il l'offrit à l'Esprit du Ciel. Après cet exploit, il chercha un lieu où il pût vivre commodément avec son épouse. Arrivé à la limite de la région nébuleuse, il trouva ce qu'il cherchait ; et il y bâtit un palais. Sa femme lui donna un enfant du nom de Oho-ana-moutchi. Il confia le soin de son éducation à son beau-père et à sa belle-mère, et il continua sa route vers le lieu de son exil, dans les parties inférieures de la terre.

LIVRE DEUXIÈME.

Le fils de l'Esprit du Soleil, Maseu-ya-a-katseu, épousa Takou-hata-tchi-tchi, fille de Takammi-mouseubi, de laquelle il eut Ama-tseu-hiko-hiko. Takammi-mouseubi conçut pour cet enfant une tendre affection ; il l'éleva aux plus grands honneurs et lui conféra la seigneurie du royaume d'Achi-bara. Ce pays était alors infesté d'une quantité prodigieuse d'insectes malfaisants, et les plantes y parlaient. Avant d'envoyer son petit-fils prendre possession de son apanage, Takammi-mouseubi voulut le débarrasser de toute cette vermine qui désolait cette province. Ayant assemblé tous les Esprits, il leur demanda quel était, à leur avis, le dieu le plus propre à remplir cette mission. Ils répondirent, d'une voix unanime, que Ama-no-ho-hi, doué d'une force extraordinaire, avait tout ce qu'il fallait pour réussir dans cette entreprise. Celui-ci fut donc chargé d'exterminer toute la race diabolique répandue dans la contrée d'Achi-bara. Il partit muni de pleins pouvoirs. Mais à peine fut-il arrivé dans le pays ensorcelé, qu'oubliant les ordres qu'il avait reçus de Takammi-mouseubi, il se lia d'amitié avec Oho-ana-moutchi, qui n'avait rien négligé pour le circonvenir. Trois ans se passèrent sans recevoir de ses nouvelles. Ce silence prolongé devint inquiétant ; on envoya enfin, pour aller aux informations, Oho-ché-ii-no-mi-kouma-no-ouchi, fils de Ama-no-ho-hi. Aussi infidèle que son père, il l'imita dans sa trahison. Takammi-mouseubi, ne sachant que penser de cette double défection, réunit de nouveau tous les Esprits pour les consulter sur le même point. De leur avis, il jeta son choix sur Amé-ouaka-hiko, fils de Ama-no-kougni-dama. Ce choix ne fut pas plus heureux que les précédents. Amé-ouaka-hiko s'a-

mouracha de là fille de Outseuchi-kougni-dama, l'épousa et
se fixa dans le pays. Il avait des vues ambitieuses sur le trône
de Achi-bara, qu'il espérait conquérir à son profit. Aussi
garda-t-il un silence absolu vis-à-vis de son souverain. Takammi-mouseubi envoya à sa poursuite un certain Na-nachi-kidgi;
Kidgi (ou le faisan) s'abattit sur l'arbre iou-tseu-katseu, planté
devant la porte de Amé-ouaka-hiko. Ama-no-sákou-mé l'ayant
aperçu courut annoncer à Amé-ouaka-hiko qu'un oiseau d'une
beauté rare était perché sur l'arbre io-tseu-katseu. Amé-ouaka-
hiko, prenant l'arc et les flèches qu'il avait reçus de Takammi-
mouseubi, décocha un trait sur Kidgi, qui tomba raide mort.
Il avait la poitrine percée d'outre en outre. La flèche alla
s'abattre aux pieds du trône de Takammi-mouseubi. Il la re-
connut pour une de celles qu'il avait remises à Amé-ouaba-
hiko. Le sang dont elle était teinte lui fit croire que son envoyé était en guerre avec les diables d'Achi-bara et qu'il était
en train d'exécuter son mandat. « A la bonne heure ! dit-il, »
et il renvoya la flèche à son point de départ. En retombant elle
frappa Amé-ouaka-hiko précisément au cœur, au moment où il
prenait un peu de repos à la porte de son palais. La mort fut
instantanée. De là vient le proverbe : « Craignez le ricochet
de la flèche. » Sa femme éplorée poussa des gémissements
qui retentirent jusque dans les cieux et apprirent à Ama-no-
kougni-dama le malheur qui venait de le frapper dans la personne de son fils. Il envoya aussitôt Haya-tchi chercher le
cadavre. On le déposa dans une chambre disposée à cet
effet, et on procéda à son ensevelissement. Une oie fut prise
pour porte-balai, et les fonctions de pleureuses furent confiées
aux moineaux. Ils pleurèrent huit jours et huit nuits consécu-
tives. Comme Amé-ouaka-hiko était devenu par alliance le
parent de Adgi-seuki-takou-hiko, celui-ci fut invité à monter
au ciel pour conduire le deuil. Il avait une telle ressemblance
avec son gendre que les parents de ce dernier crurent en le
voyant que leur fils était revenu à la vie. « Vous vous trompez,
dit Adgi-seuki-takou-hiko, votre fils est bien mort, et si vous
me voyez devant vous en habit de deuil, c'est uniquement pour

rendre mes devoirs à ce cher défunt. Cessez donc ces démonstrations de joie fausse. » Puis, tirant l'épée qu'il portait à la ceinture, il mit en pièces l'appartement funèbre, qui en tombant fut changé en une montagne. C'est celle qu'on voit aujourd'hui à la source du fleuve Ayoumi, dans la province de Hi-dgen, et qui porte le nom de Montagne du deuil. De là vient la frayeur des revenants.

Cependant Takammi-mouseubi n'abandonna pas, malgré les insuccès des premières tentatives, le dessein qu'il avait de purger le royaume d'Achi-bara de tous les mauvais génies qui l'infestaient. Il fut décidé, en conseil des Esprits, qu'on enverrait cette fois Fou-tseu-nouchi, fils de Joua-tseutseu-o et de Joua-tseutseu-mé, qui avaient reçu le jour de Joua-sakou et de Né-sakou. Jaloux d'un choix dont il se croyait offensé, Take-mika-tzeutchi, fils de Hiy-no-haya-hi, déclara en pleine assemblée, qu'en fait de bravoure il ne le cédait nullement à Fou-tseu-nouchi, et qu'il ne voyait pas les raisons de cette préférence. Pour le calmer, on l'adjoignit à Fou-tseu-nouchi pour la conquête du royaume d'Achi-bara. Ils partirent ensemble. En sortant de la région des nuages, ils tirèrent leurs sabres aux dix poignées, et s'arrêtant sur les bords du fleuve Itseu-da-sa, ils les plantèrent à terre, la pointe tournée en haut. La main appuyée sur la pointe, ils tinrent ce langage à Oho-atchi-moutchi : « Takammi-mouseubi, désirant donner à son petit-fils le gouvernement de ce pays, nous envoie au-devant de lui pour lui préparer les voies. Vous inclinez-vous devant les volontés de Takammi-mouseubi, ou vous décidez-vous à défendre vos domaines? — Je ne puis vous répondre catégoriquement avant d'avoir consulté mon fils; je demande du temps. » Koto-chiro-nouchi, fils de Oho-atchi-moutchi, était alors à se délasser dans la région des nuages en se livrant à l'exercice de la chasse et de la pêche. Un messager étant venu lui apporter la nouvelle de ce qui se passait, il répondit en soupirant que, puisque telle était la volonté de Takammi mouseubi, son père n'avait qu'à céder, et que pour lui, il allait s'éloigner pour ne plus reparaître. Ayant équipé une barque autour de laquelle il dressa des bastingages en treillis, il monta dessus et descendit en pleine mer.

Oho-atchi-moutchi, informé du parti que son fils venait de prendre, n'hésita plus à faire sa soumission. Il alla trouver les deux envoyés de Takammi-mouseubi, et leur annonça sa résolution en ces termes : « J'avais une grande confiance en mon fils, c'est pourquoi j'ai tenu à le consulter avant de me décider. Sa retraite m'engage à l'imiter ; je vous remets donc mes pouvoirs de mon plein gré ; car, si je voulais me défendre, je trouverais encore de l'appui dans tous les Esprits du royaume, lesquels me sont tout dévoués. Voilà ma lance ; c'est avec elle que j'étais venu à bout de pacifier la contrée. Si Amé-mi-ma s'en sert, la plus grande tranquillité régnera dans ses États. » Après avoir ainsi parlé, il partit pour ne plus reparaître.

Les deux Esprits firent mourir tous les démons rebelles. Quand tout fut rentré dans l'ordre, ils retournèrent auprès de Takammi-mouseubi pour lui rendre compte de leur mission. Takam-mi-mouseubi, au comble de la joie, couvrit d'un manteau Amé-mi-ma et l'envoya prendre possession de ses Etats. En sortant de la demeure céleste, Amé-mi-ma s'ouvrit un passage à travers les huit couches de nuages, et descendit sur le sommet de Hiou-ka-na-so-no ; puis d'étape en étape, il arriva à A-ta-no-nakaya-kasa. Il y trouva un individu auprès duquel il prit des renseignements sur la situation d'une certaine contrée. « Je vais vous y conduire, lui répondit l'inconnu, et vous pourrez la visiter à votre aise. » Amé-mi-ma accepta la proposition. Dans ses courses, il rencontra une dame appelée Ka-achi-tseu. Il l'interrogea sur son origine, et elle répondit qu'elle était la fille issue du mariage du Dieu du Ciel et de Oho-yama-tseumi. Amé-mi-ma fut au comble de ses vœux. Cependant, cette femme étant devenue enceinte dès la première nuit, il ne put s'empêcher de la soupçonner d'infidélité et de le lui déclarer. Ka-achi-tseu, indignée de ce reproche, s'enferma dans une maison ; après en avoir barricadé les portes, elle y mit le feu en faisant cette imprécation : « Que je périsse dans le feu si l'enfant n'est pas de Amé-mi-ma ! » Au premier jet de la fumée, elle accoucha d'un enfant appelé Hono-seu-sori. Sortie saine et sauve de l'épreuve, elle eut plusieurs enfants, parmi lesquels on compte Hiko-ho-ho-dé-mi et Hono-akari. Amé-mi-ma mourut à un âge très-avancé ; il fut enterré dans la montagne de Hiou-ka-yé.

Hono-seu sori, l'aîné des fils de Amé-mi-ma, eut la mer en partage ; la terre échut à son cadet, Hiko-ho-ho-dé-mi. Mécontents l'un et l'autre de la part qui leur était faite, ils firent un échange ; le marché conclu, ils ne tardèrent pas à regretter leurs possessions primitives. D'un commun accord, ils brisèrent le contrat pour revenir à l'ancien état des choses. L'aîné rendit à son frère son arc et ses flèches et redemanda ses hameçons. Hiko-ho-ho-dé-mi avait perdu les hameçons qu'il tenait de Hono-seu-sori. Il en fabriqua de semblables et les remit à son frère. Celui-ci, ayant reconnu la contrefaçon, les refusa péremptoirement ; une seconde tentative ne réussit pas mieux. Hiko-ho-ho-dé-mi, pensant que le nombre compenserait la qualité, en offrit tout un boisseau. « Je veux les miens, dit Hono-seu-sori ; il me les faut absolument. » Hiko-ho-ho-dé-mi, au désespoir de ne pouvoir satisfaire aux justes exigences de son aîné, se dirigea, accablé de tristesse, vers les bords de la mer. Il rencontra par hasard le vieux Chiho-tseutchi qui lui demanda la cause de son chagrin, et il lui conta toute l'histoire. « Consolez-vous, reprit le vieillard, je vais me mettre à la recherche des hameçons : je suis sûr de les retrouver. » Ayant fabriqué une boîte hermétiquement fermée, il y fit entrer Hiko-ho-ho-dé-mi et le plongea au fond de la mer. Arrivé à une plage favorable, le prisonnier sortit de sa boîte et, marchant devant lui, atteignit sans encombre le palais du Dieu de la mer ; les murs en étaient réguliers et la tour d'un vernis éblouissant. Devant la porte il y avait un puits, ombragé par un arbre appelé you-tseu-katseura, dont les branches pendantes atteignaient le sol. Il s'en approcha en tremblant pour prendre un peu de repos. Il était à peine couché sous cet épais feuillage qu'une femme vint au puits pour chercher de l'eau. Frappée de la présence de cet étranger, elle rentra précipitamment pour avertir son père et sa mère. Le Dieu de la mer l'invita à entrer, et, après l'avoir introduit dans ses appartements, il l'interrogea sur le but de son voyage. Hiko-ho-ho-dé-mi exposa en détail le récit de son aventure. Sur ce, tous les poissons, du plus grand au plus petit, furent convoqués et soumis à un interrogatoire sévère. Tous affirmèrent de la manière la plus positive qu'ils n'avaient aucune connaissance des hameçons dont on leur parlait : « Il est possible, ajoutèrent-ils, que l'esturgeon, pris depuis quelques jours d'un mal de gorge qui l'a empêché de se rendre à l'invitation, en sache quelque chose. » Le malade, en effet, était le recéleur de l'objet perdu.

Hiko-ho-ho-dé-mi gagna bientôt les bonnes grâces du Dieu des flots; il en obtint la main de sa fille. Mais quelque bonheur qu'il éprouvât auprès de son beau-père, il ne pouvait oublier son pays. Le désir qu'il avait d'y retourner lui faisait pousser des soupirs continuels. Son épouse, s'étant aperçue du changement causé par cette nostalgie, avertit son père. Le Dieu fit venir son gendre, et lui parla de la manière la plus affectueuse : « Vous désirez sans doute, lui dit-il, retourner dans votre pays; sachez que vous êtes libre et que je me garderais de vous contrarier en quoi que ce soit. Si telle est votre intention, voilà l'hameçon, rendez-le à votre frère, ce sera l'hameçon du pauvre; prenez aussi ces perles du flux et du reflux de la mer. Quand vous plongerez celle du flux, la mer montera à ses dernières limites. Si votre frère vous reçoit mal, servez-vous-en pour l'immerger; enseveli sous les eaux, il témoignera du repentir de sa conduite et criera au secours. Plongez alors la seconde perle, et les eaux redescendront à l'instant même, laissant votre frère hors de danger. Par ce moyen, vous exercerez un grand empire sur votre frère, et vous pourrez revenir quand vous voudrez. »

Toyo-tama était sur le point d'accoucher. Elle pria Hiko-ho-ho-dé-mi de la conduire au bord de la mer pour y faire ses couches. Après sa délivrance, Hiko-ho-ho-dé-mi alla trouver son frère aîné et lui restitua ses hameçons. Fidèle aux instructions de son beau-père, il réussit si bien à maîtriser Hono-seu-sori, qu'il le força à se regarder comme son très-humble serviteur, après avoir demandé grâce pour sa vie.

Hono-seu-sori est l'auteur des Ata-no-kimi-o-bachi.

Toyo-tama, en travail d'enfant, conjura son mari de la laisser seule et de ne pas assister à ses couches. La curiosité l'emportant sur les convenances, il regarda furtivement. Toyo-tama fut changée en dragon. « Malheureux que vous êtes! si vous ne m'aviez pas déshonorée par votre indiscrétion, j'aurais fait que la mer et la terre auraient été unies d'une union inséparable, et j'aurais eu pour vous les sentiments d'une affection inviolable; maintenant tout est fini, nous n'aurons plus de rapports ensemble. » Après avoir emmaillotté son enfant avec de l'herbe, elle l'abandonna sur la plage et s'éloigna, seule, dans les allées de la mer, dont elle ferma les issues. Son enfant fut appelé Hiko-maki-sa-také, ou Kaya-bouki-aouachézeu. Hiko ho-ho-dé-mi mourut à un âge très-avancé. Sa dépouille fut déposée sur la colline de Taka-ya.

LIVRE TROISIÈME.

L'empereur Iamato-Iouare-Hiko, ou Ten-ouo-chin-mou.

Iamato-iouare-hiko était le quatrième fils de Hiko-naki-sa-také. Sa mère, appelée Tama-iori, était fille de Outa-tseumi. Il eut en naissant le plein usage de la raison et fut doué d'une volonté de fer. A quinze ans, il monta sur le trône. Devenu majeur, il épousa A-ta-hi-a-hira, du royaume de Nitchi-kao. Elle lui donna un fils du nom de Takichi-mimi. Vers l'âge de quarante cinq ans, il raconta à ses frères et à ses enfants comment Takammi-mouseubi avait donné à son aïeul, Hiko-hogni-gni-ki, le royaume d'Achi-bara, et la manière dont celui-ci avait traversé les régions des nuages pour aller prendre possession de ce pays, alors stérile et plongé dans la plus grande confusion. Le soin, dit le prince, qu'avait mis son ancêtre à pourvoir au bien-être de la partie occidentale et à donner au gouvernement une forme régulière fut récompensé par un bonheur parfait que couronna une gloire immense. De nombreuses générations ont passé depuis lui; plus de un million sept cent quatre-vingt-douze mille quatre cent soixante seize ans nous en séparent. Malgré ce laps de temps, la terre que nous foulons se ressent encore des bienfaits qu'elle a reçus. Il a institué des princes dans les villes, donné des chefs aux villages et laissé à chacun d'eux une entière liberté d'action dans ses attributions respectives. Je tiens de mon oncle Chiko-tseuseu qu'à l'Est il existe un pays riche et vaste, entouré de montagnes fertiles, où une colonie d'habitants des cieux sont venus s'implanter. A mon avis, cette terre fait partie de mon royaume; elle peut être regardée comme le centre d'où les lumières se répandent aux quatre points cardinaux. Pourquoi donc n'en ferions-nous pas la conquête? — La proposition fut adoptée à l'unanimité.

Vers le dixième mois de la fameuse année Kaô-in, le jour désigné sous le nom de Kano-to-no-tori, Ten-ouo-chin-mou entra en campagne, à la tête de son armée. Arrivé à Hayaseuchi, il trouva un pêcheur monté sur sa barque; c'était le chef de la contrée. Au premier bruit de l'arrivée de Ten-ouo, il était parti de Ouata-no-oura, sa résidence, pour venir rendre hommage à Sa Majesté. Ten-ouo passa sur sa barque pour aller à Ou-sa dans la province de Tchou-so. En mémoire du service qu'il avait reçu, il donna à son guide le nom de Chihiné-tseu-niko : celui-ci fut le fondateur de Oua-no-atayé-raxa.

La province de Tchou-so était alors gouvernée par Ou-satseu-hiko et Ou-sa-tseu-gouan. Ces deux chefs reçurent les étrangers dans leur palais situé sur le bord du fleuve Ou-sa. Ten-ouo demanda la main de Ou-sa-tseu-gouan pour son chambellan, Ama-tané-ko, qui fut la souche des Tchiou-chin ;

de Ou-sa le conquérant passa à O-ka, et le mois suivant il prit terre à An-chey, et passa l'hiver dans le palais de Yé.

Dans les premiers jours du troisième mois de l'année Kino-to-ou, il se mit de nouveau en campagne, pénétra dans la province de Kitseu-hi, où il s'arrêta trois ans, qu'il employa à construire des vaisseaux et à faire d'amples provisions de vivres.

Au printemps de l'année Tseutchi-no-yé, il embarqua tout son monde et fit route vers la côte de Nam-pa. La flotte essuya une tempête dont elle sortit sans accident. Elle remonta le fleuve de Nam-pa jusqu'à Chira-bata dans l'intérieur des terres. Après quelques jours de repos, l'armée se dirigea par terre du côté de Tatseu-da. Les chemins étaient affreux, la marche fut lente et pénible. Enfin, ils franchirent la montagne de I-koma et firent halte à Outchi-tseu-kougni.

Aussitôt que le prince Naga-seuné-hiko fut informé de cette invasion, il ne douta point que les petits-fils du Dieu du ciel ne fussent animés de mauvaises intentions contre la sûreté de sa personne et de ses États. Il convoqua sur-le-champ toutes ses troupes et les rangea en bataille en face de ses agresseurs. Quelques flèches lancées au hasard dans le camp ennemi blessèrent des hommes. Le prince Go-ray en reçut une au bras. Ten-ouo ne s'attendait pas à cette résistance ; il en attribua la cause au mécontentement du ciel, qui voyait avec peine que ses enfants, sans mission spéciale, envahissent des États aussi puissants. Cette réflexion l'engagea à battre en retraite pour implorer le secours du ciel et de la terre, et se mettre sous la protection immédiate de l'Esprit du Soleil. L'ennemi observa ce mouvement sans songer à poursuivre les fuyards. Ceux-ci se retirèrent à Kousa-ka, connu aujourd'hui sous le nom de Miou-chiou. Un homme de la petite armée de Ten-ouo avait trouvé son salut derrière un arbre ; dans sa reconnaissance il disait qu'il lui avait autant d'obligation qu'à sa mère ; de là, le nom de Omo-no-ki-no-'y fut donné à cet arbre : il porte aujourd'hui le nom de Oho-no-ki.

Au commencement de la cinquième lune, la troupe de Ten-ouo entra dans le port de Yamaki, dans la province de Tchi-nou. Cependant Go-ray souffrait tellement de sa blessure qu'il fallut lui faire l'amputation du bras. Il supporta cette opéra-tion avec le plus grand courage. Il mourut toutefois sans avoir pu se venger ; et il fut enterré à Kama-yama dans la province de Ki-y.

Quelques jours après, Ten-ouo campait à Na-kousa ; après en avoir châtié les habitants les plus insoumis, il poursuivit sa marche jusqu'à Ama-né-ioua-taté. Là il prit la mer. A peine avait-il gagné le large qu'il fut assailli par une violente tem-pête qui dispersa sa flottille. I-na-hi, désolé de tant d'infor-tunes, sauta à la mer, le sabre au poing, en se plaignant des dieux du ciel et de la mer qui semblaient les abandonner. Il fut aussitôt changé en l'esprit Say-motchi. San-mo-gniou-no, fils de l'Esprit de la mer, se jeta aussitôt à l'eau, mais il n'en-fonça point. Les vagues s'affermirent sous ses pieds et il ar-riva heureusement à Toko-yo-no-kououa. Ten-ouo, seul avec son fils, rallia les barques dispersées. Il aborda à Kouma-no-aré ; il châtia tous ceux qui refusèrent de le reconnaître pour leur souverain. Le prince de ce pays, appelé Gni-chiki-to-hé, se voyant réduit à l'extrémité, vomit une telle quantité de ve-nin que tous les êtres vivants en furent infestés à une grande distance. La troupe de Ten-ouo atteinte, comme tout le reste, se trouva dans l'impossibilité de se mouvoir. Le péril était ex-trême ; mais le ciel le conjura. Un habitant de la localité eut une vision, dans laquelle il lui sembla voir Tay-chio-day-dgin s'entretenir avec Také-aka-tseutchi touchant les désordres qui régnaient à Achi-bara et qu'il désirait voir bientôt finir. Také-aka-tseutchi répondit qu'il n'y avait pour cela qu'à envoyer sa pique, et se tournant vers Taka-koura, il lui dit de prendre cette arme qu'il trouverait dans le grenier de la maison et de la remettre à Ama-mago (le petit-fils du ciel). Cet homme, revenu à lui, suivit de point en point les instructions du dieu qui lui avait apparu. La présence de cette arme dans le camp de Ten-ouo ranima ces braves, plongés dans un sommeil lé-thargique, et ils purent continuer leur marche conquérante.

Ils se dirigèrent vers l'est. Ils trouvèrent sur leur route des montagnes où il n'y avait pas vestige de sentier. Obligés d'errer à l'aventure, ils s'égarèrent. Ils ne savaient plus où se diriger quand Ten-ouo fut averti en songe que Ten-chio-day-dgin leur enverrait un corbeau pour leur servir de guide. Au même moment un corbeau descendit du haut des airs. « Nous voilà sauvés, s'écria Ten-ouo ; notre grand-père Ten-chio-day-dgin a eu pitié de notre détresse ; il aplanira tous les obstacles qui pourraient s'opposer à l'accomplissement de notre mission. Soyez béni, ô glorieux Ten-chio-day-dgin ! »

Hi-no-homi, le chef de la famille Oo-tomo, prit la direction de la marche. Sous la conduite du corbeau qui volait devant la troupe, toutes les montagnes furent franchies sans difficulté. Le district de Ou-ta se déroula bientôt aux regards de l'armée, qui alla camper à Ou-ta-no-oukéchi. Ten-ouo changea le nom de Hi-no-homi en celui de Mitchi-omi pour perpétuer le souvenir du service signalé que ce vieillard venait de lui rendre.

Après quelques jours de repos, Ten-ouo fit appeler les deux frères Oukéchi, premiers chefs du district. L'aîné ne répondit pas à l'appel ; le cadet seul se présenta. Ayant rendu ses hommages au mikado, il lui déclara que son frère était dans l'intention de défendre ses États ; qu'en apprenant l'arrivée de Sa Majesté il avait levé des troupes, mais que désespérant de pouvoir résister ouvertement, vu l'infériorité de ses forces, il avait mis ses soldats en embuscade dans un palais nouvellement construit, où il avait dressé des machines infernales et où il voulait attirer Sa Majesté pour la perdre avec les siens. « Que votre Majesté se tienne pour avertie et prenne des mesures en conséquence. » Sur cette révélation, Ten-ouo envoya Mitchi-no-omi pour vérifier le fait. Mitchi-no-omi découvrit, en effet, des preuves manifestes de l'odieux dessein du prince rebelle. Pour le punir de cette perfidie, Ten-ouo le força à rentrer dans le palais ; Oukéchi était trop coupable pour éviter le châtiment ; il tomba dans son propre piége, et y perdit la vie. Après sa mort, on lui trancha la tête ; le sang coula avec abondance, et cela fit donner à la place le nom d'Outa-no-chi-bara (plaine de sang de Outa). Le jeune Oukéchi donna un banquet splendide à toute l'armée de Ten-ouo. Le repas fini, Ten-ouo improvisa une chanson que l'on a chantée depuis lors dans toutes les fêtes publiques.

Le district de Outa-no-oukéchi étant soumis, Ten-ouo s'avança vers la province de Iochi-no. En entrant dans ce pays il vit venir à lui un homme à queue, tout resplendissant de lumière. Il s'appelait I-hikari. Le pays lui obéissait comme à son chef ; il en était en effet le fondateur.

A la neuvième lune, Ten-ouo monta au sommet de la montagne Taka-koura pour avoir une vue du pays. La province paraissait entrecoupée de collines qu'occupaient quatre-vingts tribus de brigands. Les femmes étaient séparées des hommes. Les charbonniers avaient aussi leur établissement à part : de là les dénominations locales de collines des hommes, des femmes et des charbonniers ; les chemins en étaient bien gardés. Ten-ouo jugea d'un coup d'œil qu'il ne lui serait pas facile de soumettre le pays ; il eut recours au ciel. Le ciel ne fut point sourd à la prière du mikado, et l'engagea, en songe, à fabriquer quatre-vingts assiettes plates, et autant de creuses avec de la terre prise sur la montagne Ama-no-ka, pour les employer dans des sacrifices à offrir aux dieux du ciel et de la terre, à la suite desquels les barbares devaient se soumettre sans résistance. Ten-ouo, revenu à lui, se disposait à exécuter ponctuellement les instructions qu'il avait reçues, lorsque le jeune Oukéchi vint le trouver pour lui dire que les brigands de Chiki et de Taka-o-hari étaient décidés à repousser l'attaque, mais qu'en s'y prenant de telle et telle manière on les soumettrait sans difficulté. Les moyens qu'il indiquait étaient ceux que Ten-ouo avait connus en songe. Celui-ci n'en fut que plus zélé pour obéir à la voix du ciel ; il désigna I-né-tseu-hiko et Oukéchi pour aller chercher la terre à la montagne Ama-no-ka. Le premier se déguisa en vieillard, le second en vieille femme. Pour arriver à la montagne ils devaient passer à travers le pays des brigands, il leur fallait donc beaucoup de prudence.

En partant, I-né-tseu-hiko adressa cette prière au ciel : O ciel, si mon roi doit conquérir ce pays, que le chemin s'ouvre facile devant nous et que notre mission s'accomplisse heureusement ! Les brigands, voyant ces deux hommes affublés de manteaux de paille, les accueillirent avec des huées. Ceux-ci n'en continuèrent pas moins leur chemin jusqu'à la montagne et revinrent au camp avec la même liberté, portant sur leurs épaules la terre sacrée. On fit les assiettes d'après le modèle indiqué par la divinité. Ce travail fini, Ten-ouo remonta le fleuve Tan-chey jusqu'à son origine, lieu désigné pour le sacrifice.

Quand il s'agit de pétrir la terre des assiettes, on aperçut dans le lit de la rivière Outa, où l'on était allé chercher de l'eau, quelque chose qui ressemblait à de l'écume. C'était un présage, et Ten-ouo le comprit. « Si sans jeter de l'eau dans la terre, dit-il, la pâte se fait bien, il est certain que je soumettrai le pays sans coup férir. » Là-dessus on travailla la terre et la pâte se forma comme par enchantement. Une fois les assiettes cuites, il dit encore : « Je vais plonger ces assiettes dans les eaux du fleuve Tan-chey ; si les poissons, sous leur influence, montent à la surface, surnageant comme des feuilles de chêne, je suis à n'en pas douter appelé à conquérir la contrée. » Les assiettes plongées, tous les poissons surnagèrent et furent emportés par le courant. Ten-ouo, au comble de la joie, abattit cinq cents arbres sur le bord du fleuve. Tous les préparatifs étant achevés, il nomma Mitchi-no-omi grand maître des cérémonies, et lui-même offrit le sacrifice à Takammi-mousoubé, sous le vocable de Itseu-imé. Il donna aux assiettes le nom de Itseu-hé ; au feu, celui de Itseu-no-ka ; à l'eau, celui de Itseu-no-mitzeu ; aux viandes, celui de Itseu-no-ouka ; au bois, celui de Itseu-no-yama ; aux plantes, celui de Itseu-no-tseutchi.

A la dixième lune, Ten-ouo se remit en campagne. Il ren-

contra une tribu de sauvages qu'il extermina. Il improvisa un
chant de triomphe, composé uniquement des noms des prin-
cipaux chefs de ces brigands. Pour en venir à bout, il eut
recours à la trahison. Il chargea Mitchi-no-omi de les inviter
à un banquet dans la ville de Osaka et de les massacrer au
moment où ils y penseraient le moins. Mitchi-no-omi fit creuser
une vaste cave, posta des soldats qui au signal donné devaient
abattre les têtes des convives. Les brigands, ne soupçonnant
pas le moins du monde l'affreux dessein qu'on avait formé
contre eux, burent sans modération. Quand ils furent pris de
vin, Mitchi-no-omi donna le signal du massacre ; pas un n'é-
chappa au fer des assassins. A cette nouvelle, l'armée de Ten-
ouo entonna l'hymne de la victoire et remplit l'air de ses cris
d'allégresse.

Cependant Ten-ouo, en bon général, ne s'enorgueillit point
de ce succès. Les chefs de ces bandits étaient anéantis, il est
vrai, mais il restait encore une dizaine de compagnies de ces
scélérats dont on ne connaissait pas les intentions. Cette circonstance l'engagea à se transporter ailleurs pour attendre un
moment favorable pour se jeter sur eux.

Le mois suivant, il se prépara à attaquer Chiki-hiko ; mais
avant d'en venir à un engagement, il envoya à Yé-chiki des
députés pour le sommer de se rendre. Yé-chiki ne voulut pas
entendre parler de soumission. Ten-ouo lui envoya encore Ya-
ta-karaseu pour lui signifier qu'il eût à se rendre auprès de lui.
Ya-ta-karaseu s'étant transporté dans le camp de Yé-chiki, lui
parla ainsi : « Le fils du Dieu du ciel vous appelle auprès de
lui ; rendez-vous de bonne grâce à son invitation. — Je sais,
répondit Jé-chiki avec indignation, je sais que le fléau du
ciel est arrivé ; cette nouvelle m'afflige profondément. Pourquoi donc, Karaseu, me faites-vous entendre un si triste ra-
mage ? » Et, bandant son arc, il allait tirer sur le messager,
quand celui-ci s'esquiva pour se rendre auprès du jeune Chiki
et lui répéter la même invitation. « Au premier bruit de l'arrivée de Amé-oseu, répondit Chiki, je ne pus éviter un sen-
timent d'horreur ; votre message me rassure, j'accepte l'invi-

tation de tout mon cœur. Mais avant de partir, vous me ferez l'honneur de vous asseoir à ma table. » Un repas somptueux fut servi ; il se composait de huit services. Puis, sans différer, Chiki se rendit, avec Karaseu, au camp de Ten-ouo, auquel il conseilla de prendre sur-le-champ les mesures les plus énergiques pour parer aux éventualités d'une guerre que son aîné était décidé à déclarer à Sa Majesté.

Ten-ouo assembla son conseil pour le consulter sur les moyens les plus efficaces pour réduire à l'obéissance le fier et belliqueux Jé-chiki. Il fut résolu à l'unanimité que la première chose à faire, en cette circonstance, était d'envoyer au rebelle une ambassade, composée de Chiki le jeune, de Yékourachi et de Oto-kourachi, dans le but de l'amener à des sentiments pacifiques ; et que si cette démarche demeurait infructueuse, il fallait attaquer avec toutes les forces dont on pouvait disposer.

L'ambassade perdit ses peines, et elle revint sans avoir rien pu obtenir de Jé-chiki. Alors il fallut songer à la voie des armes. Sur l'avis de Y-né-tseu-hiko, Ten-ouo divisa sa troupe en deux corps, les femmes d'un côté et les hommes de l'autre. Le corps des femmes, envoyé en avant-garde sur la route de O-saka, fut pris pour le gros de l'armée ; les brigands sortirent de leur retranchement pour lui barrer le passage. Ten-ouo donna alors le signal du départ, prit les ennemis par derrière et les extermina complétement.

Vers la douzième lune, Ten-ouo attaqua une autre tribu qui avait pour chef Naga-seuné-hiko. Le combat fut acharné, et la victoire longtemps incertaine. Pendant l'action le ciel se couvrit de nuages et la pluie tomba par torrents. Un oiseau d'un jaune d'or vint s'abattre sur la corde de l'arc du Mikado. Il répandait autour de lui une lumière d'un éclat éblouissant. A la vue de ce prodige, Naga-seuné-hiko donna le signal de la retraite. Le lieu du combat fut appelé Tobi-no-mitseu. Dans une bataille précédente, Itseu-iori avait été blessé mortellement ; Ten-ouo jura, pour venger sa mort, d'exterminer la race de ces misérables. Cependant Naga-seuné-hiko, loin

d'être découragé par le premier échec, cherchait l'occasion
de prendre sa revanche. Une autre rencontre eut lieu ; il eut
le dessous. Trop faible pour tenir encore la campagne, il fit
demander une entrevue à Ten-ouo : « Autrefois, lui dit-il, le
Fils du ciel descendit du ciel sur la barque sacrée, sous le
nom de Kouchi-no-tama-gniki-haya-hi ; il épousa ma sœur Mi-
kachiki-ya, dont il eut un enfant appelé Ouma-chi-maté. Je
regarde Gniki-haya-hi comme mon souverain, et je ne sache
pas qu'il y ait deux Fils du ciel ; pourquoi donc vous couvrez-
vous de ce beau titre pour dépouiller vos semblables de leurs
possessions légitimes ? »

Ten-ouo répondit : « Il y a plusieurs Fils du Dieu du ciel.
Celui que vous regardez comme tel, il a dû donner des
preuves de son identité et, dans ce cas, vous pouvez le reconnaître pour votre souverain. Voilà une flèche et une cuirasse
que je tiens de lui. » Ten-ouo en les voyant ne put s'empêcher
de les déclarer authentiques ; il exhiba, de son côté, la flèche
et la cuirasse qu'il portait. Naga-seuné-hiko, quoique frappé
de la ressemblance, ne put se décider à reconnaître Ten-ouo.
Gni-ki-haya-hi avait compris la grande bonté du Dieu du ciel,
mais cet obstiné était plongé dans une ignorance trop profonde. Ten-ouo essaya vainement de lui expliquer la distinc-
tion des dieux et des hommes. Pour en finir avec un entêté
qui fermait les yeux à la lumière, il lui fit trancher la tête.
Naga-seuné-hiko étant mort, toute sa tribu se soumit.

Ten-ouo savait bien que Gni-ki-kaya-hi était descendu du
ciel et que ceux qui lui restaient fidèles en recevraient de grands
bienfaits. Il passe pour le père de la famille Mono-hé.

Au commencement de la seconde lune de l'année Tseutchi-
no-to, Ten-ouo recommanda à ses officiers de se préparer à
une nouvelle expédition. Il y avait dans la province de So-fou
un certain Gni-y-kito qui, fort de l'alliance de ses deux voisins,
Ko-ché-haouri, prince de Sakamoto, et Y-haouri, prince de
Oka-saki, avait la présomption de tenir en échec les troupes

de Ten-ouo. Mais le mikado ne leur donna pas le temps de se rejoindre. Attaqués séparément, ils furent défaits, et tous trois perdirent la vie. Le district de Taka-o-hari était gouverné par un certain Tseutchi-koumo, à la taille courte et aux bras allongés comme un nain. On le prit dans un filet de jonc. Le lieu de sa résidence porte depuis le nom de village des Joncs.

La race des brigands étant détruite, Ten-ouo s'occupa de l'administration du pays, qui fut appelé Youaré. Il institua des tribunaux pour rendre la justice, et bâtit des forteresses pour maintenir l'ordre.

Ten-ouo, se voyant paisible possesseur du pays conquis, édicta l'ordre du jour suivant : « Il y a dix ans que nous sommes entrés en campagne pour soumettre cette région de l'est. Grâce à la puissante protection du Souverain du ciel, les méchants ont été promptement exterminés. A la vérité, il reste encore sur le littoral des contrées qui gémissent sous la tyrannie des pervers, mais le mal y est comparativement nul. A l'intérieur des terres, la paix est fondée sur des bases inébranlables. Bâtissons donc une capitale belle et vaste ; la fortune est pour nous. Apprenons à ces sauvages, qui pour habitations n'ont que des cabanes perchées sur les arbres ou des cavernes creusées dans le roc, à vivre en hommes civilisés. Le Grand-Homme a enseigné une loi qui se prête aux temps et aux circonstances ; elle est très-conforme aux besoins de l'humanité ; donnons notre concours au Saint. Pour cela, il faut déblayer ces collines et bâtir des temples où nous rendions nos hommages à la Souveraine Majesté, principe de tout principe. En haut, nous correspondrons à la puissance de l'Esprit du ciel, et en bas, nous exalterons la bonté du Fils du ciel, qui conserve la justice et la vérité parmi les mortels. Notre capitale exercera son influence sur toutes les provinces, et à son imitation, tout le royaume se couvrira d'habitations. Quelle gloire ! Kachi-hara, située au sud-est de Oumé-hi-yama, paraît être la clef du royaume : c'est là qu'il faut asseoir notre capitale. »

On se mit aussitôt à l'œuvre, et les travaux furent conduits activement. Cependant Ten-ouo pensait à prendre une seconde femme, et son choix était déjà fait, quand on vint lui dire qu'une telle, petite-fille de Chiama-no-mitseu, était, sans contredit, la plus belle personne du pays. Celle-ci eut la préférence. Le mariage eut lieu le neuvième mois de l'année du cycle, Kano-yé-sarou. La nouvelle épouse de Ten-ouo eut le titre d'impératrice.

L'année suivante, Ten-ouo se fixa dans le palais de Hachibara. C'est de là que date le commencement de son règne. Son épouse légitime lui donna deux enfants, Kami-ya-y et Kami-nou-na-kaoua-mimi. Ten-ouo, connu sous le nom de Kami-yamata iouaré-hiko-ho-ho-dé-mi-no-ten-ouo, est le chef de la dynastie *Ta-han*.

Mitchi-no-omi et Tay-ray-ochité composèrent des pièces de poésie et enseignèrent la méthode de lire les livres chinois à rebours. Ten-ouo les récompensa d'une manière proportionnée à leur mérite. Il donna à Mitchi-no-omi un magnifique emplacement dans la ville de Tseuki-saka et l'honora de son intimité. Tay-ray fut gratifié de la colline de Ouné-hi, qui porte aujourd'hui le nom de Ray-ochité.

Outseu-hiko obtint la préfecture de Oua ; le district de Také-ta fut accordé à Oto-oukéchi ; il avait été gouverné autrefois par Outa-no-mô-tori-raka. Outo-chiki-dgio, surnommé Kouro-haya, eut la principauté de Chiki-dgio ; Y-né, celle de Kadseu-dgio ; To-has-chio, celle de Katseu-no.

Au second mois de la quatrième année de son règne, Ten-ouo offrit au ciel un grand sacrifice pour le remercier des secours qu'il en avait obtenus dans les guerres qu'il avait eu à soutenir pour réduire le pays à son obéissance. Il dressa, à cet effet, un autel sur la montagne de Tori-mi, qui fut depuis affectée au culte du Dieu du ciel.

Dans la trente et unième année de son règne, Ten-ouo fit la visite de ses États ; il en admira les riches productions, qui consistaient principalement en coton et en coquillages variés. Le royaume porte différents noms ; il fut d'abord appelé Akitseu-chima. I-za lui donna ceux de Yamato, de Ourayaseu, de

Hoso-ho-ko-no-tchi-tarou, de Chi-oua-kami-hotseu-ma; plus
tard, il fut appelé Tama-kaki-no-outchi, et quand Haya-hiy
descendit, dans son voyage autour des cieux, il fut appelé
Sora-mitseu-yamato.

Ten-ouo régnait depuis quarante-deux ans, lorsqu'il partagea l'empire avec son fils aîné. Il mourut après soixante-
douze ans de règne, dans son palais de Kami-akarichi-ma-
chinoü-hara. Il avait cent vingt-sept ans. L'année suivante on
déposa ses restes à Hi-no-ouchi-tora-no-seumi-no-inisa-saki.

Après l'histoire de Ten-ouo-chin-mou, on ne trouve qu'une
nomenclature très-succincte des mikados qui se sont succédé
jusqu'à nos jours. Charlevoix l'a consignée dans son ouvrage.

Paris. — Imp. W. REMQUET, GOUPY et Cie, rue Garancière, 5.